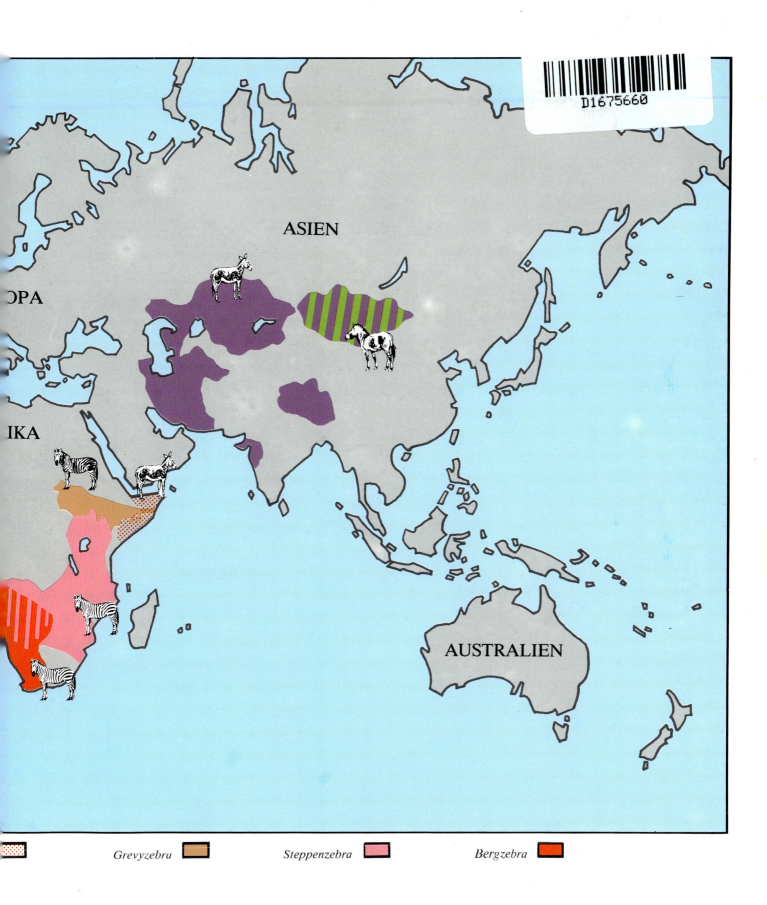

Hans D. Dossenbach

Das Buch der Tierfamilien

Pferde

Kinderbuchverlag Luzern

Für Nina und Kim — meine ponybesessenen Töchter

Zu den Abbildungen auf den vorhergehenden Seiten:

Können Pferde lachen? Wer weiß das schon. Das Fjordpony auf Seite 1 jedenfalls ist müde und tut genau dasselbe wie müde Menschen: Es gähnt.
Erst in der Bewegung entfaltet das Pferd seine ganze Schönheit, wie der Vollblut-Araberhengst auf Seite 2 zeigt.

BILDNACHWEIS
Fotos von Hans D. Dossenbach, mit Ausnahme der folgenden:
A.G.E.: 36 links — *Archiv für Kunst und Geschichte, Berlin:* 11 links — *Thomas David:* 7 unten — *Andreas Fischer-Nagel:* 4 links, 38, 39 — *Jacana:* 4 rechts (Champoux), 18 oben rechts, 19 oben, 25 oben, 32 (alle Maier), 35 (Varin-Visage), 36 rechts (Hervy), 37 (Ferrero) — *Musée de l'Armée, Paris:* 11 Mitte — *MVG-Archiv:* 10 rechts — *Verlagsarchiv:* 10 (3), 12, 17 (Featherlay) — *Martina Waibel:* 25 unten. Illustration Seite 15: Elisabeth Zellweger, aus «König Pferd», Hallwag Verlag, Bern

Hausesel

Steppenzebra

CIP-Titelaufnahme der Deutschen Bibliothek
Das *Buch der Tierfamilien.* —
Luzern: Kinderbuchverlag.
5. Pferde / Hans D. Dossenbach. — 3. Aufl. — 1990
ISBN 3-276-00077-6
NE: Dossenbach, Hans D. [Mitverf.]

Bild unten: Schnelligkeit und das Leben in der Gemeinschaft: Das ist die Überlebensstrategie des Pferdes. Ungarische Noniuspferde in der Puszta von Hortobagy.

3. Auflage 1990
© 1989 by Kinderbuchverlag KBV Luzern AG
Das Werk einschließlich aller seiner Teile ist urheberrechtlich geschützt. Jede Verwertung ist ohne Zustimmung des Verlags unzulässig. Das gilt insbesondere für Vervielfältigungen, Übersetzungen, Mikroverfilmungen und die Einspeicherung und Verarbeitung in elektronischen Systemen.

Lektorat: Markus Kappeler
Verbreitungskarte und Illustrationen Seiten 7, 8, 9:
Hannes Opitz

Filmherstellung: Lanarepro, Lana/Meran
Satz: F. X. Stückle, Ettenheim
Druck: Rotolito Lombarda, Pioltello/Mailand

Bestellnummer: 1900077

Inhalt

Die Familie der Pferde umfaßt neben dem Hauspferd und dem Hausesel insgesamt sechs Wildpferdearten. Diese haben in jeder Sprache einen anderen Namen. Das kann sehr verwirrend sein. Zum besseren Verständnis haben darum die Forscher jeder Art einen wissenschaftlichen Namen gegeben, der zumeist aus dem Lateinischen oder Griechischen stammt und weltweit gültig ist:

Urwildpferd	Equus przewalskii
Afrikanischer Wildesel	Equus africanus
Asiatischer Wildesel	Equus hemionus
Steppenzebra	Equus quagga
Bergzebra	Equus zebra
Grevyzebra	Equus grevyi
Hauspferd	Equus p. f. caballus
Hausesel	Equus a. f. asinus

Was ist ein Pferd?	6
Das Pferde-Lexikon	15
– Das Przewalski-Pferd	16
– Wildlebende Hauspferde	16
– Die Ponys	19
– Die Kaltblutpferde	23
– Die Warmblutpferde	26
– Das Arabische Vollblut	31
– Das Englische Vollblut	32
– Der Anglo-Araber	33
– Die Zebras	34
– Die Esel	37
– Das Maultier	40

Was ist ein Pferd?

Unten: Ein Pferd kommt selten allein. Das trifft auf jeden Fall in der Wildnis zu, denn Pferde sind ausgeprägte Herdentiere und fühlen sich nur in der Gemeinschaft wohl.

Rechts: Der Huf, widerstandsfähig und mit geringer Auflagefläche, macht das Pferd zum schnellen Fluchttier: A Kronenrand, B Hufwand, C Ballen, D Hufstrahl, E Hufsohle, F. Tragband.

Natürlich weißt du, was ein Pferd ist. Denn bestimmt hast du schon oft Pferde gesehen. Vielleicht hast du auch schon ein Pferd gestreichelt – oder bist sogar auf einem geritten. Tatsächlich lebt ja das Pferd in unserer nächsten Umgebung, genau wie Hund und Katze.

Weil das Pferd ein so treuer Freund des Menschen ist, hat man es auch ganz gründlich erforscht: Heute wissen wir über seine Entwicklungsgeschichte besser Bescheid als über unsere eigene. Wir kennen den kleinsten Winkel seines Körpers. Wir wissen, warum es wiehert, wie es sich fortpflanzt und warum wir es beherrschen können, obschon es uns an Kraft haushoch überlegen ist. Und trotzdem gibt uns das Pferd noch viele Rätsel auf, die wir auch mit den modernsten Computern bis heute nicht lösen konnten – aber eigentlich ist das ganz gut so.

Sicherheit in der Gemeinschaft

Pferde leben von Natur aus in der Regel auf Grasland, also in weiten, offenen Landschaften. Gegen

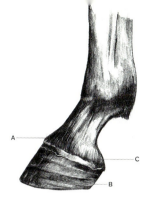 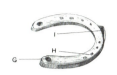

Unten: «Soziale Körperpflege» nennt man das gegenseitige Fellbeknabbern, denn damit sagen die Pferde einander vor allem: «Du bist mir sympathisch.» Etwa alle drei Wochen ist eine Stute «rossig», das heißt paarungsbereit. Wird sie dann von einem Hengst gedeckt (Mitte), bringt sie nach gut elf Monaten ein weitentwickeltes Fohlen zur Welt (ganz unten).

Links: Normalhufeisen: G = Stollenloch. (Hier werden im Winter Stollen angebracht, die das Ausgleiten auf dem Eis verhindern.) H = Nagellöcher. I = Zehenkappe. (Sie schützt den vorderen Rand des Hufes.)

Feinde wie etwa Wölfe haben sie keine wirksame Waffe. Es bleibt ihnen nur die Flucht. Darum ist der ganze Körperbau des Pferdes auf Schnelligkeit und Ausdauer eingerichtet. Außerdem hat das Pferd ein feines Gehör, einen guten Geruchssinn und scharfe Augen. Letztere sind vorgewölbt und sitzen seitlich am Kopf, so daß das Pferd einen fast vollkommenen Rundblick hat, ohne ständig den Kopf wenden zu müssen. Beim geringsten Anzeichen einer Gefahr überlegt es sich nicht lange, was jetzt wohl zu tun sei, sondern es reagiert sofort mit «kopfloser» Flucht. Diese Fluchtreaktion sitzt ihm auch heute, nach fünftausendjähriger Zucht in Menschenhand, noch in den Knochen. Jeder Reiter hat schon erfahren, daß ein Rascheln im Laub oder ein auffliegender Papierfetzen panisches Davonstürmen bei seinem Pferd auslösen kann. Das mag unangenehm sein. Für das Pferd in freier Wildbahn ist blitzartiges Reagieren jedoch lebenswichtig, denn dort entscheiden oft Zehntelssekunden über Leben und Tod.

Während bei vielen Tierarten die Jungen in ihren ersten Lebenswochen noch sehr unbeholfen sind, kommen Pferde bereits als Schnelläufer zur Welt. Auch dies ist für ein «waffenloses» Tier natürlich sehr sinnvoll. Die Stute trägt ihr Fohlen gut elf Monate im Körper, und wenn es geboren wird, ist es schon weit entwickelt. Nach wenigen Minuten kann es bereits auf seinen staksigen Beinen stehen und zum ersten Mal nach dem Euter der Mutter suchen. Am nächsten Morgen kann es dann schon ohne weiteres der Herde folgen.

Auch mit all diesen Eigenschaften hätte das Pferd als Einzeltier jedoch kaum Überlebenschancen. Erst das Leben in der Herde gibt ihm die nötige Sicherheit, denn wo eine große Zahl von Augen, Ohren und Nasen aufpassen, da bleibt ein Feind nie lange unentdeckt. Das Gemeinschaftsleben stellt allerdings auch gewisse Anforderungen an die Pferde: Sie müssen miteinander auskommen. Sie brauchen ein Leittier, das mit sicherem Instinkt die Herde in Gebiete mit

Das Hauspferd entstand aus verschiedenen Urwildpferd-Typen: Stammvater der echten Ponys war ein kleines Urpony (links), das bis zur Eiszeit die nordischen Tundren und Moorlandschaften bewohnte.

Die wichtigsten Vorfahren der Warmblutpferde waren die Tarpane (Mitte), während die Ahnen der Kaltblutpferde große Urkaltblüter (rechts) waren.

günstigen Lebensbedingungen führt. Und sie müssen sich untereinander verständigen können, brauchen also eine «Sprache». Tatsächlich regeln Pferde mit

Oben: In 50 Millionen Jahre alten Ölschieferschichten der Grube Messel bei Darmstadt wurde eines der am besten erhaltenen Urpferdchen gefunden. Das hasengroße Tier erhielt den zungenbrechenden Namen Propalaeotherium messelense.

verschiedenen Lauten und bestimmten Körperhaltungen, Bewegungen und Gesichtsausdrücken das Leben in ihrer Gemeinschaft. Das weithin schmetternde Gewieher, mit dem Pferde Kontakt zueinander halten, ist zwar das lauteste, aber längst nicht das einzige Beispiel aus der Pferdesprache.

Das «schlieferähnliche Tier»

Als der Naturforscher William Richardson im Jahre 1839 in seiner englischen Heimat nach versteinerten Pflanzen suchte, stieß er eines Tages auf einen kleinen Tierschädel. Sein Kollege, der Zoologe Richard Owen, untersuchte den unscheinbaren Fund und gab dem unbekannten Wesen, dem der Kopf einst gehört hatte, den Namen «Hyracotherium», was übersetzt «schlieferähnliches Tier» bedeutet. Schliefer sind kleine, murmeltierähnliche Tiere, die in Afrika leben. Man kann Owen keinen Vorwurf machen: Der faustgroße Schädel mit den kleinen, höckerigen Zähnen hatte nicht die geringste Ähnlichkeit mit einem Pferdekopf, und kein Mensch konnte damals ahnen, daß das Hyracotherium ein Urahne unserer Pferde ist.
50 Jahre später sah das schon ganz anders aus: In Europa, in Asien und vor allem in Nordamerika waren inzwischen eine ganze Menge Überreste ausgestorbener Pferdeformen ausgegraben worden. Und aufgrund dieser Funde konnte man einwandfrei feststellen, daß das seltsame Hyracotherium der älteste bekannte Vorfahr unserer Pferde ist. Es hatte vor sage und schreibe rund 50 Millionen Jahren gelebt!

Vom Sumpfbewohner zum Steppentier

Das nur hasengroße Hyracotherium hatte noch keine Pferdehufe, sondern weit spreizbare Zehen. Man nimmt an, daß es ein verborgenes Leben in den Ursümpfen führte, wo diese Zehen es vor dem Einsin-

Ein leichter, langbeiniger Urpferdetyp (links) mit großem, vorgewölbtem Kopf war vermutlich der Vorfahr des Berberpferdes, das einst in der Warmblutzucht von großer Bedeutung war.

Aus kleinen, beweglichen Wüstenpferdchen (Mitte) dürfte der Araber entstanden sein. Das Przewalski-Pferd (rechts) spielte bei der Entstehung der Hauspferde wahrscheinlich keine wichtige Rolle.

ken im Sumpfboden schützten. Dem tropisch feuchten Klima jenes Erdzeitalters folgten trockene Perioden, so daß in Europa, Nordasien und Nordamerika riesige Sumpfgebiete austrockneten. Viele Tiere, darunter auch viele Pferdeformen, starben infolge dieser starken Umweltveränderungen aus. Andere konnten sich den neuen Bedingungen anpassen. Und so entwickelten sich die Pferde im Laufe der Jahrmillionen allmählich zu großen, schnellen, geselligen Tieren der offenen Landschaft.

Gegen Ende der letzten Eiszeit, vor etwa 10000 Jahren, hatten sich die Urwildpferde praktisch über ganz Amerika, Asien und Europa sowie das nördliche Afrika ausgebreitet. Unter den je nach Region unterschiedlichen Lebensbedingungen waren verschiedene geographische Rassen, sogenannte Unterarten, entstanden, die sich im Körperbau, in der Größe und im Temperament deutlich voneinander unterschieden. Im Norden gab es kleine, kurzbeinige Ponytypen und massige, kraftvolle Kaltbluttypen. In den zentralasiatischen Steppen lebte der leichtere Steppentyp, der im Przewalski-Pferd heute noch erhalten ist. In den Wüstengebieten Vorderasiens schließlich war der feingliedrige, schnelle und temperamentvolle Wüstentyp zu Hause. Alle diese Urwildpferde-Typen wurden früher oder später vom Menschen zu Haustieren gemacht – und nicht etwa nur das Przewalski-Pferd, wie es manchmal heißt. Deshalb gibt es heute auch so viele verschiedene Hauspferde-Rassen mit zum Teil ganz unterschiedlichem Charakter.

Unten: Auf einem Wildgestüt in Nordrhein-Westfalen leben diese «Dülmener Wildpferde», eine sehr urtümliche Pferderasse. Im Exmoor in Südwestengland findet man das Exmoorpony (ganz unten), ein fast rein erhaltenes Urpony.

Unten: Über 10000 Jahre alt ist diese Darstellung eines Pferdekopfs, die in einer Höhle im nordspanischen Asturien entdeckt wurde. Das Pferd war damals noch kein Haustier, sondern nur Jagdwild.

Mitte, unten: Diese Münze zeigt den makedonischen König Philipp II. auf seinem Streitwagen, gezogen von zwei Pferden. Er lebte vor ungefähr 2300 Jahren.

Links: Über 5000 Jahre alt ist diese griechische Silbermünze, auf der Pegasus, das geflügelte Pferd der griechischen Sagen, abgebildet ist.

Unten: Das «fliegende Pferd» wurde vor etwa 2000 Jahren in China aus Bronze geschaffen und gilt als eine der schönsten Pferdestatuetten der Welt.

Wie der Mensch aufs Pferd kam

Im Jahre 1879 entdeckte man in der Höhle von Altamira in Nordspanien eine ganze Anzahl wunderschöner farbiger Felsmalereien. Damals kam allerdings niemand auf die Idee, daß es sich dabei um Kunstwerke aus der Eiszeit handeln könnte. Erst im Jahre 1902, nachdem vor allem in Frankreich noch weitere solche Bilder gefunden worden waren, stellte man fest, daß sich die Menschen offenbar schon vor 10000 bis 30000 Jahren mit Malerei – und mit Pferden – beschäftigt hatten. Für diese frühen Menschen waren die Pferde aber nicht mehr und nicht weniger als Jagdwild gewesen, genau wie die Rentiere, Auerochsen, Mammute und Bären, die sie ebenfalls an die Höhlenwände malten. Und die Gemälde dienten nicht etwa zur Zierde der Höhlen, sondern sie hatten eine Art religiösen Sinn: Durch sie erhoffte man sich von den Göttern Glück auf der Jagd.

Wann genau das Pferd zum Haustier wurde, ist bis heute ungeklärt. Als sich der Mensch vor etwa 10000 oder 15000 Jahren den Wolf zum Gefährten machte, blieb das Pferd noch lange nur begehrtes Jagdwild. Auch die Ziege, das Schaf und das Rind, ja sogar das Lama wurden vor ihm zum Haustier.

Vor etwa 5000 Jahren hielten sich Menschen dann aber erstmals Pferde. Als ziemlich sicher gilt, daß diese frühen Pferdebesitzer Nomaden in den weiten Steppen nördlich des Kaukasus waren. In jener Gegend lebte der Steppentarpan, eine Urwildpferderasse, die erst im letzten Jahrhundert ausgerottet wurde. Dem Steppentarpan gebührt also die Ehre, die ersten Hauspferde «geliefert» zu haben.

Wichtige Rolle im Krieg wie im Frieden

Die ersten Pferdezüchter nördlich des Kaukasus waren ein streitbares Volk. Vor knapp 4000 Jahren verließen sie ihre heimatlichen Steppen und versetzten ihre Nachbarn in Angst und Schrecken, denn sie besaßen eine Waffe, die damals für jeden Gegner unüberwindbar war: den von Pferden gezogenen Streitwagen. Ihre Kriegszüge hielten sie auf Schrifttafeln fest. Und weil darauf die ältesten überlieferten Berichte von Hauspferden zu finden sind, kamen die Geschichtsforscher zum Schluß, daß Pferde zuerst

Ein deutscher Ritter mit leichter Rüstung um 1498. Oft wurden Ritter und Pferde auch in schwere Metallpanzer gesteckt.

Napoleon auf seinem Araberhengst Vizir, der ihn auf seinem Feldzug von Frankreich nach Moskau und zurück getragen haben soll.

Das Bild des berühmten Indianer-Malers Karl Bodmer aus der Schweiz zeigt einen Schwarzfuß-Indianer auf einem feurigen spanischen Pferd.

vor den Wagen gespannt und erst später auch geritten wurden. Das muß aber nicht unbedingt so sein. Möglicherweise ließen sich schon viel früher junge Rinderhirten – sozusagen die ersten Cowboys – von gezähmten Pferden tragen. Was zuerst war, das Reitpferd oder das Zugpferd, ist bis heute ungewiß.
Sicher aber ist, daß das Pferd damals sehr rasch alle zivilisierten Länder im Bereich des östlichen Mittelmeers eroberte: Schon vor 3600 Jahren spannten Ägypter und Trojaner Pferde vor ihre Kampfwagen. Kaum 100 Jahre später taten Inder und Griechen dasselbe. Vor 3300 Jahren hatten die Ägypter berittene Kriegstruppen, und wenig später besaßen auch die Assyrer ihre Kavallerie. Zur gleichen Zeit begannen auch die Menschen im unzivilisierten Westeuropa, Pferde zu halten – aber vorerst offenbar nur als «Fleischlieferanten». Den Wagen kannten sie nämlich noch nicht, und vom Reiten hatten sie vermutlich auch noch keine Ahnung.
Während nahezu 4000 Jahren hat das Pferd die Geschichte der Menschheit weit stärker beeinflußt als jedes andere Tier. Die blutigen Feldzüge von Dschingis Khan, Alexander dem Großen, Julius Cäsar, Hernando Cortez, Napoleon Bonaparte und einigen weiteren Ruhmsüchtigen, welche ganze Welten veränderten, wären ohne Pferde undenkbar gewesen.
Weniger spektakulär, aber nicht weniger wichtig war noch bis in unser Jahrhundert hinein die friedliche Nutzung des Pferdes. Es diente Jägern und Viehhirten als schnelles und ausdauerndes Reittier, und die Ackerbauern schätzten es als kraftvolles und unermüdliches Zugtier. Es ermöglichte Warentransporte über große Entfernungen und die Beförderung von Reisenden in Postkutschen. Vor der Erfindung der Elektrizität und des Benzinmotors zog es sogar Straßenbahnen durch die Städte und Schiffe durch Kanäle. Nicht umsonst wird noch heute die Leistungskraft von Motoren in Pferdestärken angegeben.

Wer hat das schnellste Pferd?

Der Pferdesport ist wohl so alt wie das Reiten selbst. Ich kann mir jedenfalls sehr gut vorstellen, daß schon vor Jahrtausenden junge Hirten einander zum Rennen aufforderten, um herauszufinden, wer das schnellste Pferd hatte.

Rechts: Alle Reitervölker haben ihre Reitspiele. Hier reiten zwei Kaukasier in ihrer typischen Tracht auf edlen Karabacherpferden um die Wette.

Im alten Griechenland gehörten Pferderennen zu den großen Sportdisziplinen, und es gab exakte Regeln dafür. Vom Jahre 680 v. Chr. an waren Wagenrennen die große Attraktion an den Olympischen Spielen. 40 Jahre später wurden olympische Rennen auch geritten. Die besten Reiter und Fahrer wurden gefeiert wie die Spitzensportler heute. Aber schon damals war der Rennsport mehr als nur Vergnügen. Die schnellsten und ausdauerndsten Pferde wurden für die Zucht ausgewählt. Und dadurch entstanden natürlich immer bessere, schnellere und ausdauerndere Pferde. Pferdezucht hieß längst nicht mehr nur einfach Pferde vermehren, sondern bedeutete, Rassen von möglichst hoher Qualität herauszubilden.

Wer ist der beste Reiter?

Schnelligkeit war eine Sache, Reitkunst eine andere. Vermutlich ging es den Hirten oftmals nicht einfach darum, mit dem Pferd möglichst rasch von einem Punkt zum anderen zu gelangen, sondern dabei auch noch Geschicklichkeitsaufgaben zu lösen. So entstanden unter den Hirtenvölkern in aller Welt viele verschiedene Reitspiele. Das Rodeo der amerikanischen Cowboys ist nur gerade das bekannteste davon.
Überall auf der Welt hatten auch die Soldaten ihre Pferdewettkämpfe, die natürlich vor allem die Kampftüchtigkeit fördern sollten: Römische Kavalleristen griffen mit dem Schwert einen Holzpfahl an, mittelalterliche Ritter versuchten, einander mit der Lanze aus dem Sattel zu heben, österreichische Husaren spießten im Galopp künstliche Köpfe auf usw. Die wohl feinsten und vielseitigsten Reitspiele entwickelten jedoch die indischen Soldaten. Diese als Gymkhana bekannten und von den Engländern nach Europa gebrachten Übungen fördern die Geschicklichkeit, die Reaktionsfähigkeit und das Vertrauen zwischen Reiter und Pferd wie wohl keine andere Form der Reitkunst.

Unten: In Mitteleuropa hat sich der Springsport zur weitaus beliebtesten Pferdesportart entwickelt. Ob dieser Sport auch den Pferden gefällt, ist allerdings fraglich.

Darunter: Rodeos sind wilde Reitspiele, die aus der Alltagsarbeit der amerikanischen Cowboys entstanden sind. Neben dem Reiten bockender Pferde gehört auch das kunstvolle Einfangen von Kälbern mit dem Lasso dazu.

Freizeitreiten – eine pferdegerechte Reitform

Von den vielen Aufgaben, welche das Pferd durch die Jahrtausende für uns erfüllt hat, ist das Freizeitreiten sicher nicht die wichtigste, aber vielleicht die schönste. Freizeitreiter nennt man seit etwa zwei Jahrzehnten jene Leute, welche mit ihren Pferden oder Ponys nach neuen, pferdegerechten Formen des Reitens suchen. Das Wanderreiten gehört dazu, aber auch wettbewerbsmäßige Orientierungs- und Distanzritte sowie sinnvolle Geschicklichkeitsübungen und Reitspiele.

Unten: Wanderreiten, auf unkomplizierten Ponys die Natur erleben: Dies ist für immer mehr Jugendliche und Erwachsene das herrlichste Freizeitvergnügen.

Hier noch ein kleiner Hinweis zum Aufbau dieses Buches: Nach dem «Pferde-Lexikon», auf dem sämtliche acht Mitglieder der Pferde-Familie und das Pony abgebildet sind, will ich dir zuerst das Przewalski-Pferd, das letzte überlebende Urwildpferd, vorstellen. Anschließend werde ich auf die verschiedenen Rassen des Hauspferdes eingehen. Ab Seite 34 werde ich dann über die anderen Mitglieder der Familie der Pferde, die Zebras, die Wildesel und den Hausesel, berichten. Ganz am Schluß, auf Seite 40, erfährst du dann noch, was es mit dem Maultier auf sich hat.

In der Abbildung auf Seite 15 sind die wichtigsten äußeren Körperteile des Pferdes markiert. Die Zahlen bedeuten:
1 Hals; 2 Schulter; 3 Mähnenkamm; 4 Widerrist; 5 Rücken; 6 Kruppe; 7 Schweifansatz; 8 Oberschenkel; 9 Schweif; 10 Knie; 11 Sprunggelenk; 12 Fesselgelenk; 13 Fessel; 14 Huf; 15 Hufkrone; 16 Vorderfußwurzelgelenk; 17 Bug oder Vorderbrust; 18 Ganasche oder Backe; 19 Ober- und Unterlippe; 20 Nüstern; 21 Auge; 22 Stirn und Stirnschopf; 23 Ohr.

Das Przewalski-Pferd

Wildlebende Hauspferde

Das Przewalski-Pferd ist die einzige Urwildpferderasse, die bis in unsere Tage überlebt hat. Der Waldtarpan, einst weit über Europa verbreitet, und der Steppentarpan, der die Grasländer Südrußlands besiedelt hatte, wurden im vergangenen Jahrhundert endgültig ausgerottet. Von den eiszeitlichen Urponys konnte sich ein kleiner Restbestand noch lange Zeit in England halten. Im heutigen Exmoorpony (Bild Seite 9) sind diese Tiere noch fast rein erhalten.

Die Heimat des Przewalski-Pferdes sind die riesigen zentralasiatischen Steppen und Wüsten östlich des Urals. Oder vielmehr «waren», denn freilebende Exemplare dieses Urwildpferdes sah man letztmals vor zwanzig Jahren in den abgelegensten Gebieten der Wüste Gobi, so daß man leider annehmen muß, daß sie in freier Wildbahn ausgestorben sind. Glücklicherweise überlebten ein paar Przewalski-Pferde in verschiedenen Zoologischen Gärten der Welt. Um sie vor dem Aussterben zu retten, stellte man geeignete Zuchtgruppen zusammen und begann, ein internationales Zuchtbuch zu führen. So konnte der Gesamtbestand dieser seltenen Pferde in Menschenhand auf etwa 700 Tiere angehoben werden. Typisch für die Przewalski-Pferde sind ihre sand- bis rotbraune Farbe, das «Mehlmaul» und die Stehmähne ohne Stirnschopf.

Die Amerikaner bezeichnen ihre Mustangs oft als «wilde Pferde». Ebenso spricht man von den «Dülmener Wildpferden», von den «wilden Pferden der Camargue» und den «wilden Ponys von Assateague». Sie alle sind aber keine echten Wildpferde, sondern verwilderte Hauspferde.

Mustangs – die «großen Hunde» der Indianer

Nordamerika ist jener Teil der Erde, auf welchem ursprünglich die Pferde entstanden sind. Aber merkwürdigerweise starben sie dort vor etwa 8000 Jahren aus. Kein Mensch weiß warum. Erst mit den spanischen Eroberern kamen wieder Pferde nach Amerika: Als Christoph Kolumbus 1493 auf Haiti landete, hatte er 30 Reittiere bei sich. Und fast jedes weitere

Oben, links: Das Przewalski-Pferd, das letzte echte Wildpferd, gibt es wahrscheinlich nur noch in Gefangenschaft. Durch gezielte Zucht versucht man es zu erhalten. – Rechts: Die ponygroßen «Dülmener Wildpferde» in Norddeutschland gleichen zum Teil dem ausgestorbenen Waldtarpan, zum Teil dem sehr ursprünglichen Exmoorpony.
Rechte Seite: Auch die Mustangs, die «wilden Pferde» Amerikas, sind keine echten Wildpferde, sondern verwilderte Hauspferde. Sie stammen von entlaufenen spanischen Reittieren ab.

spanische Schiff, das dann im 16. Jahrhundert nach Amerika kam, hatte Pferde an Bord. Den Indianern muß beim Anblick der ersten Reiter ganz schön der Schreck in die Glieder gefahren sein, denn sie hielten sie für überirdische Wesen, halb Mensch, halb Pferd. Als sie später merkten, daß da kein Götterspuk dahintersteckte, wollten sie natürlich auch Pferde haben. Die «großen Hunde», wie sie die Reittiere nannten, machten sie zu viel schnelleren Jägern und zu viel gefährlicheren Kriegern. In der Folge überfielen sie bei jeder Gelegenheit spanische Siedlungen, um hauptsächlich Pferde zu stehlen. Tausende von spanischen Pferden fielen ihnen so in die Hände.

Die Indianer verstanden es zwar glänzend, mit Pferden umzugehen, aber vom Zäunebauen hielten sie nicht viel. Unzählige Pferde liefen ihnen davon und verwilderten. Allmählich breiteten sie sich über den ganzen Westen Nordamerikas aus, von Mexiko bis hinauf nach Kanada. Am Anfang unseres Jahrhunderts gab es schätzungsweise zwei Millionen Mustangs, wie man diese verwilderten Pferde nennt. Aber mit ihrem paradiesischen Dasein war es dann vorbei. Denn jetzt rückten ihnen die weißen Siedler zu Leibe, die ja ein halbes Jahrhundert zuvor bereits die Millionenherden der Bisons bis auf ein paar hundert Tiere ausgerottet hatten. Hunderttausende der Mustangs wurden eingefangen, halbwegs eingeritten und endeten auf den Schlachtfeldern des amerikanischen Bürgerkrieges. Hunderttausende wurden zu Hühner-, Katzen- und Hundefutter sowie Düngemittel verarbeitet. Hunderttausende wurden von den Viehzüchtern getötet, weil diese alles Gras für ihr Vieh haben wollten. Kein Wunder, lebten im Jahre 1970 nur noch etwa 8000 Mustangs!

Heute ist das Überleben der Mustangs glücklicherweise gesichert, da die meisten innerhalb zweier großer Naturschutzgebiete leben.

Die Schiffbrüchigen von Assateague

Irgendwann im 16. Jahrhundert wurde ein spanisches Schiff vor die Ostküste Nordamerikas verschlagen, lief dort auf Fels und sank. Anscheinend überlebte kein Mensch das Unglück, aber einige Pferde erreich-

ten schwimmend eine Insel nahe der Küste. Die Tiere gewöhnten sich an das zähe Sumpfgras und das Schilf, an die Moskitoschwärme in den heißen Sommern und an die eisigen Winterstürme. Das Leben auf der Insel Assateague war keineswegs leicht. Nur die härtesten Pferde überlebten. Und weil im allgemeinen kleine Pferde zäher sind als große, waren es vor allem die kleinwüchsigen Tiere, die überdauerten

Oben links: Costenas in den peruanischen Anden auf 3000 Meter Höhe. Oben: Die berühmten weißen Pferde der südfranzösischen Camargue. Links: «Wildpony» auf der Insel Assateague im Osten der USA.

und sich fortpflanzen konnten. So kam es, daß schließlich alle wilden Pferde auf der Insel nur noch Ponygröße hatten.
Assateague gehört noch heute allein den Pferdchen, den vielen Vögeln und den Moskitos. Die Nachbarinsel Chincoteague jedoch wurde vom Menschen besiedelt. Die Inselbewohner fingen sich gelegentlich auf Assateague ein paar junge Ponys, um sie zu zähmen, bei der Arbeit einzusetzen und manchmal auch zu verkaufen. Daraus ist inzwischen eine Tradition geworden. Jedes Jahr Anfang Juli werden die etwa 150 Pferdchen auf Assateague zusammengetrieben, die Jährlinge herausgefangen und dann im Rahmen eines Volksfestes versteigert. Der Erlös fließt jeweils in die Kasse der Feuerwehr von Chincoteague.

Wildlinge in aller Welt

Pferde sind sehr anpassungsfähige Tiere und können unter den erstaunlichsten klimatischen und landschaftlichen Bedingungen überleben. Herden von verwilderten Hauspferden kann man daher in den südamerikanischen Pampas ebenso finden wie in den Steppen Zentralasiens oder im australischen Busch. In vielen Gegenden werden Pferde und vor allem Ponys wegen ihrer großen Widerstandsfähigkeit auch halbwild gehalten: Sie müssen sich ihre Nahrung selbst suchen, sehen nie einen Stall und kommen kaum mit Menschen in Berührung. Solche sogenannten Wildgestüte gibt es zum Beispiel in der Camargue und in den Pyrenäen, in den Moorgebieten Südwestenglands, in Schottland und Irland, auf Island, in Skandinavien und in Norddeutschland.

Die Ponys

Unter der Bezeichnung Pony stellen sich die meisten Leute ein stämmiges, kurzbeiniges Pferdchen mit üppigem Mähnen- und Schweifhaar vor: ein Shetlandpony eben. Begegnen sie aber einem Connemarapony aus Irland oder einem bosnischen Gebirgspferd aus Jugoslawien, sind sie ratlos. Diese Tiere sehen gar nicht aus wie die vertrauten Shettys, sondern wie Pferde, nur sind sie dafür viel zu klein. Bei einem Haflinger hingegen scheint die Sache klar zu sein: Das ist ein Pferd; ein ziemlich kleines zwar, aber eindeutig ein Pferd. Glauben sie wenigstens.
Im Pferdesport ist das alles säuberlich geregelt: Jedes Pferd, dessen Widerristhöhe weniger als 148 Zentimeter beträgt, ist ein Pony, kann aber auch als Kleinpferd bezeichnet werden. Aber damit ist das Problem nur im Sportbetrieb gelöst. Der Haflinger gehört zwar von seiner Größe her eindeutig in die Ponykategorie, ist aber vom Typ her ebenso eindeutig ein Kaltblutpferd. Bosnier, Camarguepferde, Mustangs und noch viele andere sind typische Warmblutpferde, fallen aber wegen ihrer geringen Größe ebenfalls in die Ponyabteilung. Schließlich weisen auch sehr viele Wüstenaraber eine Widerristhöhe von weniger als 148 Zentimeter auf, dabei sind sie die vollendetsten aller Vollblutpferde. Mehr über Kalt-, Warm- und Vollblutpferde erfährst du ab Seite 23.
Sprachliche Gewohnheiten machen die Sache noch komplizierter: Indische Kavalleristen, Polospieler, Cowboys und manche andere Reiter englischer Muttersprache nennen ihre Reittiere Ponys, obschon kein Tropfen echtes Ponyblut in deren Adern fließt. Und die Isländerfans reden von ihren «Islandpferden», dabei sind gerade diese Tiere ganz typische Ponys.

Oben rechts: Das kräftige, anspruchslose Islandpony wird auch bei Erwachsenen immer beliebter.
Unten: Das kleine Shetlandpony ist nach wie vor das häufigste Kinderpony.

Was ist denn ein Pony?

Ja, aber was ist denn nun ein Pony wirklich? Aus der Sicht des Zoologen ist das Pony ein ganz bestimmter Hauspferdetyp, der sich in verschiedenen Merkmalen von den übrigen Hauspferden unterscheidet. Diese Merkmale waren einst typisch für gewisse nordeuropäische Urwildpferde. Heute finden wir sie noch mehr oder weniger ausgeprägt bei den Rassen, welche von den Urponys abstammen und die als Nordponys oder Nordpferde bezeichnet werden.
Die Urponys waren dem Leben in den kargen nordeuropäischen Tundren-, Heide- und Moorlandschaften mit feuchtkaltem Klima gut angepaßt. Sie hatten breite, beinahe senkrecht stehende Schneidezähne und sehr kräftige Backenzähne mit langen Wurzeln. Damit konnten sie auch grobe Kräuter mühelos abbeißen und zerkauen. Solches Futter hatte allerdings wenig Nährstoffe. Die Ponys mußten daher große Mengen davon fressen und hatten entsprechend um-

fangreiche Verdauungsorgane – und deshalb einen großen, tonnenförmigen Rumpf. Ihr Kopf war kurz mit einer breiten Stirn und großen Augen, die Ohren waren klein und dicht behaart und dadurch wenig kälteempfindlich. Die kurzen Beine mit den kräftigen Gelenken waren nicht für hohe Geschwindigkeit gebaut, sondern für harte Beanspruchung in oft unwegsamem Gelände. Mähne und Schweif waren besonders üppig, das Fell war grob und fettig und im Winter mit einer dichten Unterwolle versehen. So mußten die Urponys auch bei noch so nassem und kaltem Wetter nie frieren.

Es gibt heute eine Reihe von Ponyrassen, die noch ganz deutlich alle diese Merkmale zeigen: Shetland-, Island- und Exmoorpony zum Beispiel. Sehr viele Ponyrassen aber wurden «veredelt», das heißt man kreuzte sie mit Großpferden, vor allem mit arabischen und englischen Vollblütern. Hauptsächlich die Engländer haben dadurch einige Ponyrassen geschaffen, die vom Typ her kaum mehr an Ponys erinnern. So gibt es zum Beispiel manche Welshponys, die aussehen wie «Mini-Araber» – wunderhübsche Pferdchen, die aber einiges an Härte eingebüßt haben und manchmal ein allzu überschäumendes Temperament aufweisen.

Bis vor etwa 20 Jahren kannte man in Mitteleuropa kaum andere Ponys als die kleinen Shetländer, die man vor allem im Zirkus und im Zoo bewundern konnte. Danach erst wurden allmählich auch größere Ponys, die sich unter anderem gut als Wanderreittiere für Erwachsene eignen, bekannt. Zuerst waren es die Isländer, die sich die Herzen der Freizeitreiter eroberten. Ihnen folgten Rassen verschiedenster Größe und Gestalt, vor allem aus Großbritannien, dem klassischen Ponyland, und aus Skandinavien.

Aus der großen Vielfalt von über 50 Ponyrassen will ich hier einige kurz vorstellen:

Shetlandpony

Das Shetty verdient es, die «Pony-Palette» zu eröffnen. Schon vor 50 Jahren trat es seinen Siegeszug

durch die Welt an, und bis heute ist es das beliebteste Kinderpony geblieben. Seit über 2000 Jahren leben diese kleinen Ponys (Widerristhöhe um 100 Zentimeter) auf den kargen Shetlandinseln nördlich von Schottland, wo sie von alters her unermüdliche und erstaunlich kräftige Helfer der Bauern sind. Sie haben einen sehr freundlichen und liebenswürdigen, wenn auch recht eigenwilligen Charakter.

Islandpony

Ähnlich eigenwillig und ebenso liebenswürdig sind die viel größeren Isländer (Höhe um 130 Zentimeter). Zäh, genügsam und ausdauernd sowie stark genug, selbst einen schwergewichtigen Erwachsenen zu tragen, haben sie sich fast in ganz Europa zu den beliebtesten Wanderponys entwickelt. Viele Isländer haben natürliche Anlagen zu besonderen Gangarten (Tölt und Paß), die in Wettkämpfen vorgeführt – und leider oft überbewertet – werden. Islandponys werden schon seit über 1000 Jahren auf Island rein gezüchtet.

Englische Moorponys

Zu den Ponys, von denen die meisten noch heute halbwild in Moor-, Heide- und Waldlandschaften Großbritanniens leben, gehört das urtümliche Exmoorpony aus Devon, das ich schon mehrfach erwähnt habe.
Im benachbarten Dartmoor in Cornwall lebt das um 120 Zentimeter hohe Dartmoorpony, das deutlich an den Shetländer erinnert und wegen seines ganz ausgezeichneten Charakters als eines der geeignetsten Kinderponys überhaupt gilt.

Welshponys

Die in vielen Ländern besonders beliebten Ponys aus Wales scheinen nicht von den Urponys, sondern von den kleinen Pferden der Kelten abzustammen. Welshponys sind teils nur 100 Zentimeter, teils aber auch 150 Zentimeter hoch; einige sind sehr zierlich, andere kraftvoll gebaut. In der Zucht werden sie daher in fünf verschiedene Kategorien eingeteilt.

Connemarapony

Ebenfalls von keltischen Reittieren stammen die irischen Connemaraponys ab. Sie sind 130 bis 145 Zentimeter hoch und vom Typ her reine Pferde. Sie

Linke Seite: Connemaraponys in Irland.
Rechts oben: Mazedonisches Gebirgspony aus Jugoslawien.
Mitte: Welshpony mit deutlichem Arabereinschlag.
Unten: «Pony of the Americas» (POA), eine neue, gefleckte Ponyrasse aus den USA.

haben vor allem außergewöhnliche sportliche Eigenschaften.

Fjordpony

Die Ahnen dieses besonders kräftigen, ruhigen und gutmütigen Ponys waren vermutlich Wikingerpferdchen. Die Norweger züchteten daraus ein muskelbepacktes, 130 bis 145 Zentimeter hohes Arbeitspferd mit starkem Kaltbluteinschlag. Weil gute Reitponys sehr gefragt sind, entstand in den letzten 20 Jahren ein leichterer Typ des Fjordponys mit erstklassigen Eigenschaften auch für erwachsene Freizeitreiter.

Gotländer

Über sein Heimatland Schweden hinaus kaum bekannt ist das Gotlandpony (Widerristhöhe 112 bis 132 Zentimeter). Leider, denn es wäre charakterlich eines der feinsten Reittiere für Kinder und Jugendliche. Es scheint direkt von Waldwildpferden abzustammen, die einst auf der Insel Gotland gelebt hatten.

Jugoslawische Gebirgsponys

In Jugoslawien gibt es rund eine Million Pferde, wovon etwa die Hälfte Bosnische Gebirgsponys sind. Diese besonders trittsicheren, zähen, um 135 Zentimeter hohen Pferdchen werden von den Bergbauern und der Armee hoch geschätzt. Einige tausend Bosnische Gebirgsponys sind in den letzten Jahren als Freizeitpferde nach Westeuropa gekommen.
Weit seltener ist das Mazedonische Gebirgspony aus Südjugoslawien, das heute vor allem in der Schweiz Liebhaber gefunden hat und hier nachgezüchtet wird.

Oben: Dem erstklassigen Fjordpony wird traditionsgemäß die Mähne gestutzt. Wozu das gut sein soll, weiß allerdings niemand.

Links: Dem charakterlich ausgezeichneten Dartmoorpony sieht man den Einfluß des Shetlandponys an.

Rechte Seite: Das Shire Horse (links) ist das größte aller Pferde. Hengste können über zwei Meter hoch und 1300 Kilogramm schwer werden. Ein ebenfalls mächtiger Engländer ist der Suffolk Punch (rechts).

Die Kaltblutpferde

Vor 30 Jahren prophezeite ein dänischer Wirtschaftsforscher, daß man ab 1980 Pferde nur noch in Museen und Zoologischen Gärten bestaunen könne. Glücklicherweise hatte er unrecht – auch wenn es damals ganz danach aussah, daß das Hauspferd über kurz oder lang aus unserem Alltag verschwinden würde.
In Schweden beispielsweise wurden nämlich im Jahr 1940 noch 60000 Schweden-Ardenner-Stuten gedeckt; 1976 zählte man lediglich noch 1700 Zuchtstuten dieser Rasse. Der Bestand war also um über 97 Prozent zurückgegangen. Und so ähnlich sah es fast überall in Westeuropa aus, denn Motoren-Pferdestärken hatten das Arbeitspferd weitgehend abgelöst. Die mächtigen, kraftvollen Kaltblüter wurden von den Straßen und Äckern verdrängt. Aber ausgestorben sind sie noch lange nicht!

Was ist ein Kaltblüter?

Neben dem kleinen, geländegängigen Urpony gab es in den kargen Tundrenlandschaften des Nordens noch ein großes, massiges Urwildpferd mit schwerem Kopf, einem mächtigen Rumpf mit Platz für leistungsfähige Verdauungsorgane sowie kräftigen Beinen mit verhältnismäßig großen Hufen, die nicht so leicht im Torfboden versanken. Diese Urkaltblüter waren etwa 140 bis 180 Zentimeter hoch und damit die weitaus größten aller Urwildpferde. Von ihnen stammen vermutlich alle unsere heutigen Kaltblutpferde ab.

Die Körpertemperatur der Kaltblüter ist selbstverständlich die gleiche wie bei den Warmblutpferden – die Bezeichnung ist also etwas irreführend. Eigentlich soll sie auf das ruhige, «kühle» Temperament dieser Pferde hinweisen. Typisch für die Kaltblüter ist ihr mittelschwerer bis sehr schwerer Körperbau, die starken Beine mit den großen Hufen, welche oft von langen Haaren, dem sogenannten Kötenbehang, überdeckt sind; ferner der kurze, sehr kräftige Hals und der meist große, schwere Kopf. Sie sind knapp 150 Zentimeter bis über zwei Meter hoch.

Kaltblüter sind in erster Linie Arbeitspferde. Viele von ihnen werden mehr als 800, einige sogar über 1000 Kilogramm schwer. Vor allem in gebirgigen Gegenden wurden aber auch leichtere und beweglichere Typen gezüchtet, die sich als Tragtiere auf den Saumpfaden gut eigneten. Beispiele dafür sind der Freiberger aus dem Schweizer Jura und der blondschöpfige Haflinger aus Tirol.

Sie arbeiten immer noch

Wenn man heute durch Nordfrankreich reist, kann man höchstens noch ahnen, daß hier einst das Zentrum der Kaltblutpferdezucht war. Nur hie und da begegnet man noch einem mächtigen Trait du Nord, einem Percheron, Bretonen oder Ardenner – Pferden, die früher die Kaltblutzucht in der ganzen Welt

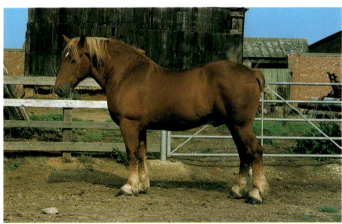

beeinflußt haben. Mancher jüngere Mitteleuropäer hat überhaupt noch nie ein Kaltblutpferd gesehen. Um so größer ist sein Erstaunen, wenn er in etwas abgelegenen Gebirgsgegenden solchen Tieren begegnet. Selbst in der technisierten Schweiz sind nämlich etwa 65 Prozent aller Pferde Kaltblüter, und die meisten von ihnen sind durchaus noch als Arbeitstiere im Einsatz. Wer gesehen hat, wie sie etwa Stämme aus dem

Auch im nördlichen Skandinavien sind noch erstaunlich viele Arbeitspferde in der Forst- und Landwirtschaft im Einsatz. Von den rund 45000 Pferden, die es in Norwegen gibt, sind etwa 30000 arbeitende Dölepferde. Außerdem werden sehr viele Fjordponys als Arbeitspferde eingesetzt.
In den osteuropäischen Ländern gehören bäuerliche Gespanne heute noch zum alltäglichen Straßenbild.

Gebirgswald zu Tal schleppen, der versteht, daß sie jedem Traktor haushoch überlegen sind und darum noch lange unentbehrlich sein werden. Rund 150 Zuchthengste sorgen dafür, daß die Freiberger in der Schweiz vorläufig nicht aussterben.
In Österreich sind von insgesamt rund 35000 Pferden etwa 15000 Noriker, Angehörige einer sehr alten Kaltblutrasse. Die Zucht der kleineren, beweglicheren Haflinger blüht und ist ständig am Wachsen. Dies allerdings nicht nur, weil sie kräftige Arbeitstiere sind, sondern weil sie sich auch als Freizeitpferde gut eignen.

Auf einer ungarischen Getreidesammelstelle zählte ich einmal 22 pferdebespannte Wagen – und nur einen einzigen Traktor. Allerdings waren kaum Kaltblüter darunter, sondern fast alle Zugtiere waren Warmblutpferde. In Ungarn hat die Kaltblutpferdezucht keinerlei Tradition.
Ähnlich verhält es sich in Polen, das übrigens mit rund drei Millionen Pferden das pferdereichste Land Europas ist. Bei uns ist Polen vor allem bekannt für seine hervorragenden Araber aus dem berühmten Gestüt Janow Podlaski sowie für den polnischen Anglo-Araber und den Polen-Trakehner. Diese edlen Pferde

werden jedoch größtenteils ins Ausland verkauft; im Land selbst braucht man Arbeitspferde. Wie in Ungarn sind das auch hier nur ganz selten Kaltblüter, sondern zumeist Koniks. Konik heißt zu deutsch ganz einfach «Pferdchen», und das sind sie auch, diese unermüdlichen Helfer der Bauern: ponygroße, hübsche, unglaublich zähe und anspruchslose Pferdchen, die noch sehr viel Tarpanblut in sich haben und oft fast haargenau wie diese Urwildpferde aussehen.

Ein Pferd namens Traktor

Noch weiter östlich, in Rußland, findet man hingegen mehr Kaltblutpferde als irgendwo sonst auf der Welt. Von den insgesamt rund acht Millionen Pferden dieses Landes sind nicht weniger als sechseinhalb Millionen Kaltblüter. Während bei uns die Arbeitspferde in den letzten Jahrzehnten immer seltener wurden, entstanden in Rußland sogar neue Rassen, zum Beispiel das Belorussische oder Weißrussische Kaltblut. Das «Rezept», das zur Entstehung dieser Rasse führte, war außergewöhnlich kompliziert: Man mischte bereits bestehende russische Kaltblüter mit Arbeitspferden aus Frankreich, Belgien, Norwegen, Schweden und England und fügte dann einen gehörigen «Schuß» Araberblut hinzu, damit das Ganze nicht zu schwer und zu träge wurde. Heraus kam ein nur etwa 150 Zentimeter hohes, äußerst zähes, genügsames, kräftiges und fleißiges Pferd, das von den Russen liebevoll «Traktor» genannt wird.

Erst 40 Jahre alt ist auch das größere und schwerere Sowjetische Kaltblut. Der Bitjug hingegen, den man heute auch Woroneschpferd nennt, ist schon vor etwa 300 Jahren entstanden.

Linke Seite: Schottische Clydesdales gehören zu den prächtigsten Kaltblütern.

Rechts oben: Der Haflinger ist ein beliebtes Freizeitpferd.

Rechts: Der Freiberger aus dem Schweizer Jura wird als beweglichtes Arbeitspferd sehr geschätzt.

Die Warmblutpferde

Dieses Zuchtziel hat dazu geführt, daß in den letzten Jahren ein zwischen 165 und 180 Zentimeter großer Pferdetyp entstanden ist, der von Skandinavien bis Italien und von Spanien bis Rußland überall etwa gleich aussieht und den man «Europäisches Einheitspferd» nennen könnte. Heute ist es auch einem Fachmann kaum mehr möglich, einen Anglo-Normannen aus Frankreich von einem Hessischen, Ungarischen

Die pferdesportlichen Wettkämpfe an den modernen Olympischen Spielen bestehen aus Dressur, Springen und Military (Vielseitigkeitsprüfung). Diese drei Wettkampfarten, allen voran das Springen, sind heute die weitaus beliebtesten Pferdesportarten – leider, muß man sagen, denn es gibt noch eine ganze Reihe mindestens so interessanter Sportarten, die dem Wesen des Pferdes viel besser entsprechen. So kommt es, daß man in der Sportpferdezucht vor allem Tiere heranzüchtet, die eine besondere Begabung zum Springen und auch zur Dressur haben. Man will ein großes, kräftiges, aber edles Pferd. Als «edel» bezeichnet man Pferde, die in ihrer Gestalt deutlich von englischen oder arabischen Vollblütern beeinflußt sind und auch deren Temperament, Eleganz, Schnelligkeit und Ausdauer geerbt haben.

oder Schwedischen Warmblut zu unterscheiden. Und das ist natürlich schade, wenn man bedenkt, welche Vielfalt von Warmblutrassen es noch vor hundert Jahren gab.

Was ist ein Warmblüter?

Sämtliche Pferderassen, die weder zu den Ponys noch zu den Kaltblütern gehören, werden heute als Warm-

Oben: Ungarische Warmblüter sind moderne, sportliche Reitpferde.

Rechte Seite, links: Knabstruper heißen diese dänischen Pferde spanischer Abstammung.
Rechts: Der Lipizzaner ist ein klassisches Dressurpferd.

blutpferde bezeichnet. Auch die englischen und arabischen Vollblüter sind Warmblüter. Ebenso die Halbblüter, also jene Pferde, von denen ein Elternteil ein Vollblüter ist. Über 200 und damit über zwei Drittel aller Pferderassen sind Warmblutpferde.
Bei der Entstehung der Warmblüter haben verschiedene Urwildpferderassen mitgewirkt, so vor allem der Wald- und der Steppentarpan. Das Przewalski-Pferd dürfte nur eine kleine Rolle gespielt haben.

Der Berber und die europäischen Prunkpferde

Ein Urwildpferdetyp, von dem wir nur sehr wenig wissen, lebte in den Gebirgsregionen Nordwestafrikas. Es war ein großes, langbeiniges, leichtes Pferd mit einem auffallend langen, an der Vorderseite vorgewölbten Kopf («Ramskopf»), wobei die Augen einen großen Abstand von den Nüstern hatten. Offenbar hatten diese Pferde einen gegenüber dem Menschen ablehnenden, bisweilen sogar angriffslustigen Charakter – ein Merkmal, das noch heute für ramsköpfige Pferde typisch ist.
Die in diesen Wüstengebirgen lebenden Nomadenstämme, die Berber, zähmten die Ramskopfpferde und züchteten daraus eine charakterlich zwar eher problematische, aber außerordentlich harte und ausdauernde Rasse: das Berberpferd.
Im 7. Jahrhundert eroberten die Araber auf ihren windschnellen Wüstenpferden riesige Gebiete östlich und südlich des Mittelmeers und unterwarfen dabei

auch die Berber. Zumindest für die Zucht der Berberpferde war dies kein Schaden, denn deren Eigenschaften wurden durch den Einfluß der Araberpferde stark verbessert. Vor allem wurden sie dadurch umgänglicher.
Als die islamischen Reiter im 8. Jahrhundert über die Meerenge von Gibraltar nach Spanien übersetzten und die Iberische Halbinsel eroberten, brachten sie nicht nur Furcht und Schrecken mit sich, sondern auch Pferde. Und diese waren so gut, daß sie später die Pferdezucht in ganz Europa prägten. Es waren teilweise durch Araber veredelte Berberpferde. Aus ihnen entstand in Südspanien der Andalusier. Dieses hochelegante Pferd mit den stolzen, ausdrucksvollen Bewegungen und dem feurigen Temperament begeisterte im 16. Jahrhundert den gesamten europäischen

Adel. Auf der Grundlage von andalusischen Pferden entstanden dann all die berühmten Pferde der Barockzeit, so beispielsweise der Neapolitaner in Süditalien.

Mit Hengsten aus Spanien und Neapel begründete 1562 der dänische König sein Hofgestüt Frederiksborg. Hier züchtete man – nach Farben getrennt – den Frederiksborger, der als auffallendes Paradepferd bald überall in Europa begehrt war. Heute noch gibt es in Dänemark Pferde, die man Frederiksborger nennt. Es handelt sich aber um eine völlig umgezüchtete, moderne Sportpferderasse, die mit dem alten Barockpferd nichts mehr zu tun hat.

Im Norden der Insel Seeland in Dänemark kann man hingegen noch immer Pferde finden, die wie die einstigen Prunkpferde aussehen: die Knabstruper. Als typisches Merkmal tragen die Vertreter dieser Rasse ein weißes Fell mit zahlreichen kleinen, schwarzen oder braunen Flecken, sind also sogenannte Tigerschecken. Über die Herkunft der Knabstruper wird erzählt, daß ein spanischer Offizier im Jahre 1812 einem Metzger in Dänemark eine gefleckte Stute verkaufte. Doch dieser schlachtete das Tier mit der ungewöhnlichen Zeichnung nicht, sondern verkaufte es dem Gut Knabstrup, und dort wurde es zur Stammmutter der Knabstruperrasse, welche bis heute überlebt hat.

Mit andalusischen und neapolitanischen Pferden wurde auch die Kladruberzucht begründet. Kladruber sind große und imposante Kutschenpferde. Kaiser Maximilian eröffnete im Jahr 1572 ein Hofgestüt in Böhmen (heute Tschechoslowakei), um solche

Oben: Amerikanische Standardtraber gehören zu den erfolgreichsten Trabrennpferden.

Rechte Seite: Andalusier waren einst Paradepferde. Heute kennt man sie als leistungsfähige Sportpferde.

Pferde heranzuzüchten. Die Kladruber mit ihren auffallend großen Ramsköpfen werden heute noch in kleiner Zahl als Rappen und als Schimmel weitergezüchtet.

Von allen Prunkpferderassen der Barockzeit ist der Lipizzaner heute weitaus die bekannteste. Die «weißen Hengste» der Spanischen Hofreitschule in Wien sind weltberühmt, und auch die «tanzenden Lipizzaner» des Zirkus Knie sind weit über die Schweizer Grenze hinaus ein Begriff.

Erzherzog Karl von Österreich gründete 1580 in den Bergen nahe bei Triest in Lipica (heute Jugoslawien) ein Hofgestüt. Hengste spanischer Abstammung, sorgfältig ausgesucht in Neapel, in Dänemark und im Hofgestüt Kladrub, begründeten im 18. Jahrhundert die fünf wichtigen Zuchtformen der Lipizzanerpferde, die heute noch, zusammen mit zwei neueren Formen, bestehen.

An der Spanischen Hofreitschule in Wien, wo man heute noch die klassische Reitkunst aus der Barockzeit pflegt, werden nur Schimmel vorgeführt, die aus dem österreichischen Gestüt Piber kommen. Aber durchaus nicht alle Lipizzaner sind Schimmel. Besonders in Ungarn und Jugoslawien, wo diese Pferde nicht selten in der Landwirtschaft arbeiten müssen, schätzt man weniger heikle Fellfarben. Hier findet man häufig Braune, Füchse und Rappen in den Lipizzanerherden.

Daß vor allem im 16. Jahrhundert sehr viele spanische Pferde nach Amerika gelangten, wissen wir bereits. Aus ihnen entstanden nicht nur die Mustangs, sondern auch fast alle Cowboy- und Indianerpferderassen – anspruchslose Warmblüter mit ausgezeichnetem Charakter, vielseitigen Reiteigenschaften und ungewöhnlicher Widerstandskraft.

Die modernen Sportpferde

In der Zucht des modernen, sportlichen Warmblüters ist Deutschland besonders erfolgreich. Vor allem der Hannoveraner und der nahe verwandte Holsteiner sind Pferde mit einer enormen Springbegabung – und die ist ja vor allem gefragt. Bedeutend ansprechender in der Erscheinung ist jedoch der edle, elegante Württemberger. Ebenfalls im internationalen Spitzensport erfolgreich ist der französische Anglo-Normanne, der aus Pferden aus der Normandie unter starkem Einfluß von englischen Vollblütern entstanden ist. Er wird heute in verschiedenen anderen Ländern, darunter in der Schweiz, nachgezüchtet. Talentiert und für den Dressursport sehr geeignet ist ferner das Schwedische Warmblut.

Vom Irischen Hunter sagt man in Deutschland mit spöttischem Unterton, er gehöre ja nicht einmal einer richtigen Rasse an. Das stimmt auch tatsächlich: Die Iren haben mit ihrem Irish Draught, einem Warmblüter, ein sehr kraftvolles Arbeitspferd. Um Jagdpferde – eben «Hunter» – zu züchten, decken sie ihre Draughtstuten mit englischen Vollbluthengsten. Daraus entsteht der sogenannte schwere Hunter. Für den Springsport deckt man solche schweren Hunterstuten wiederum mit englischem Vollblut und erhält dadurch mittlere oder leichtere Hunter. Und schließlich züchtet man noch einen kleinen Hunter, indem man Connemaraponystuten mit Vollbluthengsten deckt. Der Irische Hunter ist also tatsächlich keine Rasse, sondern ein Mischlingsprodukt – was ihn aber keineswegs daran hindert, das erfolgreichste Springpferd der Welt zu sein.

Auch die englischen Sportpferde haben übrigens zum größten Teil einen englischen Vollblüter zum Vater und eine Warmblutstute zur Mutter – und auch hier funktioniert dieses Rezept bestens.

Oben: Die gefleckten Appaloosas wurden von Indianern herausgezüchtet.

Links: Pinto nennt man den gescheckten Schlag der Western Horses.

Rechte Seite: Ein herrlicher Vollblut-Araberhengst.

Das Arabische Vollblut

besten zur Zucht aus. Ohne weiteres nahmen sie einen tagelangen Ritt auf ihrer Stute in Kauf, um zum richtigen Hengst zu kommen. Daß durch das züchterische Können der Beduinen und aufgrund der harten Lebensbedingungen in ihrer Heimat nicht nur ein außerordentlich leistungsfähiges, sondern gleichzeitig auch ein besonders schönes Pferd entstanden ist, muß man als glücklichen Zufall bezeichnen.

Daß alle Arabischen Vollblutpferde von den sieben Lieblingsstuten Mohammeds abstammen, ist eine schöne Legende – aber eben nur eine Legende. Sicher ist hingegen, daß die oft weniger als 150 Zentimeter hohen Araber die wichtigsten Pferde in der Geschichte der Pferdezucht sind.

Die Beduinen im arabischen Hochland konnten es sich nicht leisten, auf Schönheit zu züchten. Sie brauchten harte, schnelle, ausdauernde, anspruchslose und ergebene Pferde. Um die einzigartigen Qualitäten ihrer Tiere zu erhalten, wählten sie nur die

Die Warmblutpferdezucht in der ganzen Welt wäre ohne das Araberpferd undenkbar. Fast alle Warmblutrassen und auch viele Pony- und sogar Kaltblutrassen wurden durch das Einkreuzen von Araberblut verbessert, das heißt vor allem lebhafter, beweglicher, schneller und ausdauernder, aber auch schöner gemacht.

Die Bezeichnung Vollblutaraber oder Arabisches Vollblut dürfen heute nur diejenigen Pferde tragen, deren Vorfahren ausschließlich Wüstenaraber waren.

Das Englische Vollblut

Vom 15. Jahrhundert an kamen viele Araber und andere orientalische Pferde nach England. Dort wurden sie mit einheimischen Pferden und Ponys gekreuzt, hauptsächlich um für den beliebten Rennsport schnellere Reittiere zu erhalten. Um 1700 begann die eigentliche Vollblutzucht. Die Grundlage dazu bildeten ein paar Dutzend schnelle Stuten und nur drei Hengste: Godolphin Barb, ein Berber aus Tunis, Byerley Turk, ein Orientale aus der Türkei, und Darley Arabian, wahrscheinlich ein reiner Wüstenaraber. Sämtliche Englischen Vollblüter der Welt – und das sind heute rund 750000 – stammen nur von diesen drei Hengsten und den paar wenigen Stuten ab. Und nur Pferde, deren Vorfahren lückenlos im Zuchtbuch der Rasse, dem «General Stud Book», registriert sind, dürfen als Englische Vollblüter bezeichnet werden. Die Zuchtauswahl beim Englischen Vollblut hängt seit jeher von der Rennleistung ab. Von ganz seltenen Ausnahmen abgesehen, muß jedes Pferd auf der Rennbahn eine gewisse Leistung erbringen, bevor es zur Zucht eingesetzt wird. Diese Zuchtauswahl hat natürlich den Körperbau und das Temperament der Rasse stark geprägt.

Das Englische Vollblut, zwischen 160 und 175 Zentimeter hoch, ist heute auf der ganzen Welt das weitaus wichtigste Rennpferd. Es gehört auch zu den besten Spring- und Militarypferden. Vor allem aber ist es seit vielen Jahrzehnten der wichtigste Veredler und Verbesserer anderer Pferderassen. Das moderne, sportliche Reitpferd, das heute in aller Welt gezüchtet wird, hat seine Qualitäten – und auch seine vornehme Schönheit – in erster Linie dem Englischen Vollblutpferd zu verdanken.

Rechts: Das Englische Vollblut – schnellster Renner und wichtigstes Pferd in der Sportpferdezucht.

Rechte Seite: Edle polnische Anglo-Araber oder Malopolska-Pferde.

Der Anglo-Araber

um 1750 Araber und Berberpferde gezüchtet, aber unter den verschiedenen Regierungen der damaligen Zeit wurden die Stallungen immer wieder geräumt. Um 1872 begann dann der Leiter des königlichen Gestüts systematisch und mit großem Geschick die Anglo-Araber-Rasse herauszuzüchten, die heute in vielen Ländern nachgezüchtet wird. Solche französischen Anglo-Araber findet man heute immer wieder

Aus der Kreuzung von Englischen Vollblutpferden mit Arabern ist der 165 bis 170 Zentimeter hohe Anglo-Araber entstanden. Durch die Vermischung dieser beiden hervorragenden Rassen wollte man ein Pferd erhalten, welches ein weniger heftiges, umgänglicheres Temperament hat als das Englische Vollblut und ein größeres Springvermögen als das Arabische Vollblut. Tatsächlich ist der Anglo-Araber ein ganz ausgezeichnetes sportliches Reitpferd.

Unabhängig voneinander sind drei verschiedene Anglo-Araber-Rassen entstanden. Auf dem berühmten Gestüt Pompadour in Südfrankreich wurden schon unter den allerbesten Sportpferden. In Pompadour selbst hält man derzeit mehrere Hengste und etwa fünfzig Zuchtstuten.

In Ungarn entstand um 1820 der Gidran, der ungarische Anglo-Araber, der in seiner Erscheinung stärker an den Araber als ans Englische Vollblut erinnert.

Bei der Entstehung des Polnischen Anglo-Arabers schließlich, der heute als Malopolska bekannt ist, wirkten Shagya-Araber und Gidrans aus Ungarn ebenso mit wie eingeführte französische Anglo-Araber. Der Malopolska ist das wichtigste polnische Sportpferd.

Die Zebras

Nachdem ich bisher eingehend über die Urwildpferde und die verschiedenen Rassen des Hauspferdes berichtet habe, will ich jetzt noch die anderen Mitglieder der Pferde-Familie vorstellen, die Zebras und die Esel.

Wie die Urwildpferde – und damit das Hauspferd – stammen die Zebras und die Esel von kleinen, pferdeartigen Wesen ab, die sich vor vielen Millionen Jahren in Nordamerika entwickelt hatten. Jetzt fragst du dich vielleicht, wie sie denn von dort nach Europa, Afrika und Asien gelangt sind. Nun: Auf einem Globus kannst du erkennen, daß es zwischen dem nordöstlichsten Zipfel Asiens und dem nordwestlichsten Teil Nordamerikas eine Meerenge gibt, die sogenannte Beringstraße. An dieser Stelle bestand früher eine Landverbindung, die Beringbrücke, welche sehr bedeutungsvoll war. Über diese Landbrücke gelangten nämlich Menschen aus Asien nach Nord- und später auch nach Südamerika – und wurden dort zu Indianern. Auch verschiedene Tiere wanderten vom asiatischen Festland nach Nordamerika ein, zum Beispiel der Wisent, ein Wildrind, aus dem in den Prärien der Bison entstand, oder der Rothirsch, aus dem sich in Amerika der mächtige Wapitihirsch entwickelte. Selbstverständlich gab es auch Tiere, die in der entgegengesetzten Richtung wanderten. So beispielsweise die Pferdeartigen, die sich in mehreren Schüben über Asien, Europa und Afrika ausbreiteten.

Die frühen Indianer fanden noch Pferde in Amerika – und aßen sie. Verkohlte Einhuferknochen an 10000 Jahre alten Feuerstellen erzählen uns davon. Aber vor etwa 8000 Jahren starben die Pferde auf rätselhafte Weise in Amerika aus. Die Indianer dürften daran wohl kaum schuld gewesen sein, denn ein jagendes Naturvolk rottet niemals seine Beutetiere aus und zerstört damit seine eigene Lebensgrundlage. Das Ausrotten von Tieren ist eine beschämende Eigenschaft der weißen Menschenrasse. Man nimmt heute an, daß eine unbekannte Naturkatastrophe die Pferde in Nordamerika ausgelöscht hat.

Während in Amerika die Pferdeartigen verschwanden, gediehen sie in Asien, Europa und Afrika weiterhin bestens. Doch ein paar tausend Jahre später war es auch hier schlecht um sie bestellt: Der Mensch hatte sie – besonders nach der Erfindung weitreichender Schußwaffen – dermaßen rücksichtslos verfolgt, daß sie heute allesamt vom Aussterben bedroht oder sogar bereits ausgestorben sind. Nur gerade eine Zebraart, das Steppenzebra, hat sich im östlichen und südöstlichen Teil Afrikas noch in größerer Zahl halten können.

Das Steppenzebra

In Ostafrika kann man heute noch große Mengen von Steppenzebras beobachten, oft vermischt mit Herden von Gnus und anderen Antilopen sowie Gazellen und Giraffen. Allein in der Serengeti, einem riesigen Nationalpark in Tansania, leben noch rund 180000 Steppenzebras. Ihr Verbreitungsgebiet erstreckt sich über den ganzen Ost- und Südteil Afrikas.

Es gibt fünf Unterarten, die sich vor allem durch die Färbung und Zeichnung ihres Fells unterscheiden. Eine sechste Unterart, das Quagga, das nur an Kopf, Hals und Vorderrücken schwarzweiße Streifen trug und sonst braun war, ist leider ausgerottet worden. Es hatte das Pech, in Südafrika zu leben – in einem Land, in welchem die weißen Siedler besonders rücksichtslos alles Wild vernichteten, das ihnen in die Quere kam. Noch um 1800 gab es riesige Herden von Quaggas. Im Jahr 1878 wurde dann das letzte Tier in freier Wildbahn totgeschossen. Und 1883 starb das letzte Quagga im Zoologischen Garten von Amsterdam.

Die weitaus häufigste Unterart des Steppenzebras ist das in Ostafrika beheimatete Böhm- oder Grantzebra, das am ganzen Körper eine «saubere» schwarzweiße Streifenzeichnung aufweist. Es erreicht eine Widerristhöhe von etwa 130 Zentimeter und ein Gewicht von 300 Kilogramm.

Linke Seite: Die nördlichste Unterart des Steppenzebras, das Böhm- oder Grant-Zebra, hat eine klare schwarzweiße Streifung.

Oben rechts: Bei dieser weiter südlich lebenden Unterart des Steppenzebras, dem Chapman-Zebra, sieht man dunkle Zwischenstreifen in den hellen Feldern.

Das Bergzebra

Nur etwa 125 Zentimeter hoch, aber ebenfalls um 300 Kilo schwer, wird die kleinste Zebraart, das Bergzebra, von dem man zwei Unterarten kennt. Das Kap-Bergzebra, das im südafrikanischen Kapland zu Hause ist, konnte im allerletzten Moment gerettet werden: Die letzten 27 Tiere, die in den fünfziger Jah-

ren noch übrig waren, wurden in einem speziell gegründeten Schutzgebiet angesiedelt und konnten sich dort allmählich wieder etwas vermehren. Ihr Bestand wird heute auf etwa 220 Tiere geschätzt. Auch das südwestafrikanische Hartmann-Bergzebra ist mit wenigen tausend Überlebenden ein ausgesprochen seltenes Tier.

Anders als die Steppenzebras, die gern in großen Herden leben und sich manchmal zu Tausenden zusammenschließen, haben die Bergzebras offenbar schon immer in kleinen Gruppen gelebt. Sie scheinen verwandtschaftlich den eigentlichen Pferden am nächsten zu stehen. Sie wiehern auch wie Pferde, ganz anders als die Steppenzebras, welche merkwürdig bellende Laute von sich geben.

Das Grevyzebra

Mit einer Widerristhöhe von bis zu 160 Zentimetern und einem Gewicht von 450 Kilogramm ist das Grevyzebra das größte der drei Zebras. Anhand seiner eselartigen großen Ohren und der sehr feinen Streifenzeichnung kann man es leicht von den übrigen Zebras unterscheiden. An Esel erinnern auch seine Rufe.

pe zur anderen oder bleiben auch stundenlang allein. Etwa zehn Prozent der erwachsenen Grevyzebra-Hengste leben territorial: Sie besetzen ein Gebiet von mehreren Quadratkilometern Größe und werden dort von den rossigen Stuten für die Paarung besucht.

In Äthiopien wurde das Grevyzebra früher manchmal gezähmt, und es gibt alte Fotos, auf denen man

Das Grevyzebra lebt in Busch- und Halbwüstengebieten des nordöstlichen Afrikas. Merkwürdigerweise wurde es dort erst im Jahre 1882 von den neuzeitlichen Wissenschaftlern entdeckt und beschrieben. Dabei war das «Tigerpferd», das der berühmte griechische Gelehrte Aristoteles schon vor 2400 Jahren schilderte, mit größter Wahrscheinlichkeit das Grevyzebra. Auch das Grevyzebra ist in den letzten Jahrzehnten stark zurückgegangen: Man schätzt, daß es heute noch etwa 7000 dieser Zebras gibt.

Das gesellige Verhalten der Grevyzebras weicht von dem der anderen Zebras erheblich ab. Sie bilden lose Trupps unterschiedlicher Größe, die sich fortwährend verändern. Sogar im Verlauf eines einzigen Tages wechseln Einzeltiere mehrmals von einer Grup-

Grevyzebras vor Wagen gespannt sieht. Doch obschon es sich leichter zähmen und abrichten läßt als andere Zebras, ist es nie zu einem richtigen Haustier geworden.

Oben links: In Nordkenia kann man das feingestreifte Grevyzebra (vorn) manchmal zusammen mit Steppenzebras (hinten) sehen.

Oben rechts: Beinahe ausgerottet ist leider das südafrikanische Bergzebra.

Rechte Seite: Der Onager, eine Unterart des Asiatischen Wildesels, kommt wild nur noch in wenigen kleinen Gruppen im Nordiran vor. In Zoologischen Gärten versucht man, diese seltene Wildeselrasse am Leben zu erhalten.

Die Esel

Niemals würden wir einen Mitmenschen als «dummes Pferd» titulieren, während «dummer Esel» ein beliebtes Schimpfwort ist. Dabei ist der Esel nach Auffassung von Verhaltensforschern dem Pferd geistig deutlich überlegen. Das gilt insbesondere für den Hausesel. Zunächst wollen wir aber seine wildlebenden Verwandten kennenlernen.

Der Asiatische Wildesel

Wenn man einen Asiatischen Wildesel rufen hört, weiß man nicht recht, ob das nun eher wie der zweisilbige «I-ah»-Schrei eines Esels oder wie das schmetternde Wiehern eines Pferdes klingt. Der Kopf des Tieres ist groß und eselhaft, die Ohren sind aber nicht viel länger als bei einem Pferd. Aus diesen Gründen nennt man dieses Tier manchmal auch «Halbesel» oder «Pferdeesel».

Auf wunderschönen, beinahe 3000 Jahre alten assyrischen Wandbildern findet man unter anderem Darstellungen von Jagd- und Kriegswagen mit Zugtieren, die wie Halbesel aussehen. Das ließ vermuten, daß die Assyrer Asiatische Wildesel gezähmt und abgerichtet hatten. Wahrscheinlich hatte es sich aber in Wirklichkeit um Maultiere gehandelt. Diese Pferde-Esel-Mischlinge kannten die damaligen Kulturvölker nämlich schon seit mehreren hundert Jahren. Der Asiatische Wildesel ist hingegen alles andere als zum Haustier geeignet: Er ist außerordentlich wild und ungebärdig. In Zoologischen Gärten lassen sich diese Tiere zwar gut halten und auch züchten, aber selbst wenn sie hier geboren sind und täglich von Menschen betreut werden, verlieren sie nie ihre Scheu und lassen sich niemals für eine Arbeit abrichten.

Der Asiatische Wildesel, der etwa 130 Zentimeter hoch und 290 Kilo schwer wird, hatte einst ein riesiges Verbreitungsgebiet: Er bewohnte die Steppen-, Busch- und Gebirgswüsten des ganzen südlichen und zentralen Asiens. Heute ist er aber nur noch an wenigen Orten zu finden. Ein wichtiger Grund dafür ist folgender: Obschon der Asiatische Wildesel in Wüsten mit kargem Pflanzenwuchs leben kann, braucht er mindestens jeden zweiten Tag Wasser. In den wasserarmen Steppengebieten Asiens sind aber heute die meisten Wasserstellen vom Menschen und seinen Haustieren besetzt. Die Wildesel haben darum kaum noch Überlebenschancen.

Man unterscheidet sieben Unterarten des Asiatischen Wildesels, von denen aber der Anatolische und der Syrische Wildesel bereits ausgerottet sind. Die übrigen Unterarten sind äußerst bedroht. Einzig vom Kiang, der in Tibet beheimateten Wildesel-Unterart, gibt es noch größere Bestände. Sie leben in den Hochebenen Tibets zwischen etwa 4000 und 5000 Metern über dem Meer. Die Tibeter halten diese Tiere für heilig und bejagen sie daher kaum. Außerdem hat die chinesische Regierung sie unter Schutz gestellt. Trotzdem werden die Kiang-Bestände immer kleiner, weil die Haustiere immer mehr Gebiete der Hochebenen beweiden und so den Wildeseln die Nahrung streitig machen.

Der Afrikanische Wildesel

Der Afrikanische Wildesel, der eine Widerristhöhe von 135 Zentimeter und ein Gewicht von 275 Kilo aufweist, gehört zu den am stärksten von der Ausrottung bedrohten Tierarten der Erde. Einstmals war er über das gesamte nördliche Afrika vom Atlantischen Ozean ostwärts bis zum Indischen Ozean verbreitet.

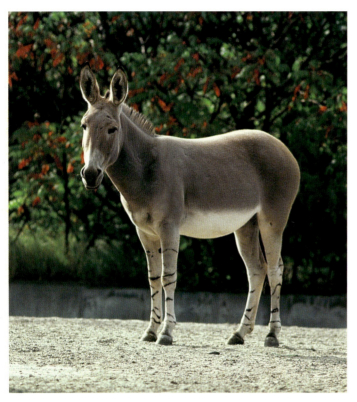

Heute leben einzig in Somalia und Äthiopien noch einige hundert Tiere des Somali-Wildesels. Die beiden anderen Unterarten des Afrikanischen Wildesels, der Nubische und der Atlas-Wildesel, gelten als ausgestorben.
Die wenigen überlebenden Somali-Wildesel haben sich in öde, völlig unzugängliche Felswüsten zurückgezogen. Obwohl es dort nur Mimosen, Dornbüsche und hartes Gras gibt, leiden die Tiere nicht an Unterernährung. Sie sind sehr widerstandsfähig und verwerten dieses Futter ausgezeichnet, wie es ja auch unser Hausesel tut.
Vertreter dieser letzten Unterart des Afrikanischen Wildesels kann man übrigens noch in ein paar Zoos, zum Beispiel in Basel und München, bewundern.

Der Hausesel

Ich habe im Tal des Todes in Kalifornien, auf den Vulkanhügeln der Galapagosinseln wie auch im Trockenbusch Australiens wildlebende Esel gesehen. Genau wie bei den Mustangs handelte es sich dabei aber nicht um echte Wildesel, sondern um verwilderte Hausesel.
Sämtliche Hausesel der Welt stammen vom Afrikanischen Wildesel ab. Ganz anders als sein ungebärdiger asiatischer Vetter hat der Afrikanische Wildesel nämlich einen sehr ruhigen Charakter und läßt sich leicht zähmen. Vermutlich wurde er schon vor etwa 6000 Jahren, also noch vor dem Pferd, zum Haustier, und zwar in Libyen. Gleichzeitig oder wenig später «entdeckten» auch die Ägypter dieses praktische Haustier, das sich daraufhin rasch bei den Kulturvölkern der damaligen Zeit ausbreitete. Spätestens vor 3500 Jahren gab es den Hausesel bereits in Kleinasien, und von dort kam er dann nach Griechenland und Italien. Bei den Römern war er nicht nur als Arbeitstier sehr geschätzt, sondern er wurde gelegentlich auch den Göttern geopfert. Mit den Spaniern und Portugiesen gelangte er nach Amerika, wo er sich vor allem als Tragtier in den gebirgigen Andenländern Südamerikas bewährte. Erst im Mittelalter kam der Esel schließlich auch ins nördliche Europa.
Zu den hervorstechendsten Eigenschaften des Esels gehören seine sprichwörtliche Genügsamkeit – er kann zur Not von Disteln leben – sowie seine Zähigkeit und Unermüdlichkeit. Er ist zwar langsamer als das Pferd und daher als Reittier weit weniger geschätzt, aber als Lastenträger leistet er auch heute noch in vielen Ländern wertvolle Dienste. Eselsmilch gilt als besonders gesund: Mancherorts wird sie sogar als Heilmittel verwendet.

Obschon der Esel früher zum Haustier geworden war als das Pferd und ebenfalls fast weltweit verbreitet

Links oben: Der schöne Somali-Wildesel ist die letzte überlebende Unterart des Afrikanischen Wildesels.

Rechte Seite: Vom Afrikanischen Wildesel stammen alle Hauseselrassen ab.

ist, hat man nur wenige Eselrassen herausgezüchtet: Eine davon ist der zierliche, nur etwa einen Meter hohe Balkan-Esel aus Griechenland und Jugoslawien. Ebenfalls klein, aber kräftig und außerordentlich trittsicher ist der Savoyenesel, der besonders im Alpengebiet gezüchtet wird. Größer, schlanker, besonders lebhaft und gut zu reiten sind die Esel auf der italienischen Insel Pantelleria. Sie sind dort noch heute das einzige Verkehrsmittel und werden wegen ihrer guten Eigenschaften gerne als Zuchttiere zur Verbesserung anderer Rassen verwendet. Bis 140 Zentimeter hoch sind der Spanische Riesenesel und der süditalienische Puliesel. Der größte von allen ist aber der schöne, schwarze Poitou-Esel aus Frankreich. Er wird über 150 Zentimeter hoch und ist zur Zucht von Mauleseln besonders beliebt.

Das Maultier

Zäh, unermüdlich, anspruchslos, nur manchmal etwas eigenwillig: das Maultier.

Im Jahre 1976 fand anläßlich der Zweihundertjahrfeier der Vereinigten Staaten von Amerika das größte Pferderennen aller Zeiten statt. Es führte von New York nach Kalifornien, also über 6000 Kilometer weit quer durch ganz Nordamerika. Sieger des Rennens wurden zur allgemeinen Überraschung der ganzen Nation zwei Maultiere. Sie hatten über 200 Pferde verschiedenster Rassen geschlagen. So gut können Maultiere sein! Hinzu kommt, daß sie besonders bequem zu reiten sind. Von Napoleon beispielsweise wird gesagt, er habe oft nicht seine kostbaren Araber-Schimmel, sondern lieber Maultiere geritten.

Maultiere entstehen, wenn man eine Pferdestute mit einem Eselhengst deckt. Maulesel hingegen, die kleiner sind und weit weniger häufig gezüchtet werden, haben eine Eselstute als Mutter und einen Pferdehengst als Vater. Fast alle Maultiere und Maulesel sind unfruchtbar, können also keine eigenen Kinder haben. Nur selten kommt es vor, daß man mit einer solchen Mischlingsstute weiterzüchten kann.

Maultiere sind trittsicherer, gelassener, weniger furchtsam und anspruchsloser als Pferde. Daher sind sie heute noch vor allem in Berggebieten sehr geschätzt. Besonders fleißig werden sie in Spanien, Frankreich, Italien und Nordafrika gezüchtet. Und wenn sie auch nicht den vornehmen Adel von Vollblutpferden haben, so weiß man doch von alters her ihre Qualitäten und ihre Liebenswürdigkeit zu schätzen.

Bücher für Kinder, die mehr wissen wollen.

Die Bände der erfolgreichen Sachbuchreihe *Das Buch der Tierfamilien* beschreiben nicht «einfach» das Familienleben der Tiere, sondern stellen Tierfamilien nach der zoologischen Systematik mit Gattungen und Arten vor.

In prächtigen Farbfotos und fundierten, lebendigen Texten, die die neuesten Forschungsergebnisse berücksichtigen, erzählen sie von der Schönheit, den Gemeinsamkeiten und Besonderheiten der Tiere, von ihren Bedürfnissen und Nöten in ihrer vom Menschen geprägten und oftmals bedrohten Welt.

Jeder Band gibt auf knappem Raum einen erstaunlich umfassenden Überblick über alle zu einer bestimmten Tierfamilie gehörenden Arten. Die Bücher sind nicht nur schönes «Schau- und Lesefutter», sondern auch wertvolle Nachschlagewerke und wahre Fundgruben für wißbegierige Kinder. Neben einer Fülle von Informationen vermitteln sie Achtung vor dem Mitgeschöpf Tier und seinem Lebensraum.

«Höchste Anerkennung dem Kinderbuchverlag Luzern, denn dort werden Bücher produziert, die mit Vergnügen gelesen werden. Das Bildmaterial von höchster Qualität und dazu frische, lebendige Texte – keine langatmigen und ermüdenden Informationen.»
Horst Schallon, Sender Freies Berlin.

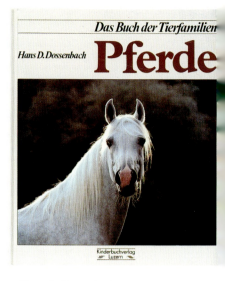

Hans D. Dossenbach
Pferde
40 Seiten mit 86 Farbfotos,
5 Schwarzweiß-Abbildungen
und Verbreitungskarte.
ISBN 3-276-00077-6

Franz Geiser und Annette Barkhausen
Robben
40 Seiten mit 48 Farbfotos,
3 Schwarzweiß-Abbildungen
und Verbreitungskarte.
ISBN 3-276-00096-2